GÜTERSLOHER
VERLAGSHAUS

Liebe Eltern,

diese Broschüre will über den Konfirmandenunterricht informieren. Sie enthält Bilder und Berichte aus der Konfirmandenarbeit, Antworten auf häufig gestellte Fragen und praktische Hinweise für die Vorbereitung und Gestaltung der Konfirmation. Sie will Ihnen helfen, sich ein erstes eigenes Bild vom heutigen Konfirmandenunterricht zu machen und die Konfirmandenzeit Ihres Kindes sinnvoll zu begleiten.

Den Konfirmandenunterricht gibt es in der evangelischen Kirche seit vielen Generationen. In den letzten Jahren hat sich jedoch einiges verändert. Früher standen Aufsagen und Auswendiglernen im Vordergrund. Heute diskutieren Jugendliche über die Aktualität der Zehn Gebote, den Klimawandel und den Sinn des Lebens, sie nehmen an Projekten und Aktionen teil, feiern gemeinsam Gottesdienste und fahren zusammen auf Freizeiten. Die Konfirmandenarbeit ist interessanter und abwechslungsreicher geworden. Die Fragen und Erfahrungen der Jugendlichen selbst spielen heute eine wesentlich größere Rolle. Der christliche Glaube soll nicht als Pflichtpensum vermittelt, sondern als Lebens- und Orientierungshilfe auch für Jugendliche verständlich gemacht werden.

Durch die Konfirmandenzeit der Kinder können auch Eltern in einen neuen Kontakt zur Kirche kommen. Nicht selten geben die Erlebnisse der Kinder aus dem Unterricht Anstöße zu Gesprächen »über Gott und die Welt«, die sonst zu Hause kaum geführt werden. Die Konfirmandenzeit kann für alle eine Bereicherung sein – auch für die Eltern.

Hans-Martin Lübking

Konfirmandenunterricht und Konfirmation

Die Konfirmandenzeit fällt in eine wichtige Phase im Leben Ihrer Tochter bzw. Ihres Sohnes – in die Zeit der Pubertät. Die Kindern verändern sich stark, beginnen sich von den Eltern zu lösen, fordern für sich mehr Selbstständigkeit und fangen an, eigene Wege zu gehen. Zu dieser Zeit des Erwachsenwerdens gehört es auch, dass sich die Jugendlichen intensiv mit religiösen Fragen auseinandersetzen: »Gibt es Gott wirklich? Wie kann ich ihn mir vorstellen? Wie ist die Welt entstanden? Hat die Naturwissenschaft den Glauben widerlegt? Gibt es ein Leben nach dem Tod? Gibt es glaubwürdige Vorbilder, an denen ich mich orientieren kann? Was ist der Sinn des Lebens?« Konfirmandinnen und Konfirmanden haben Fragen, sie wollen etwas wissen, erkunden und ausprobieren. Darin dürfen sie nicht enttäuscht werden.

Die Konfirmandenarbeit muss sich heute auf die Jugendlichen einstellen. Allein mit Bibel und Gesangbuch ist es heute nicht mehr getan. Der Konfirmandenunterricht muss abwechslungsreich und vielfältig, er muss vor allem interessant sein und Spaß machen. Für die Konfirmandinnen und Konfirmanden ist es heute entscheidend wichtig, ob ihnen der Konfirmandenunterreicht auch wirklich etwas bringt und sie für ihr Leben davon profitieren.

In der Konfirmandenzeit lernt Ihr Kind auch die eigene Kirchengemeinde kennen – mit all ihren Aktivitäten und Aufgaben vom Gottesdienst bis zur Diakonie. Durch die Begegnungen mit Menschen aus der Gemeinde kann es erfahren, was es heißt, im Alltag als Christ zu leben. Auch in der Konfirmandenarbeit sind heute nicht selten weitere Mitarbeiter beteiligt. Gerade konfirmierte Jugendliche können als Teamer eine Brücke in die Gemeinde sein.

Im Konfirmandenunterricht begegnen sich Jugendliche, die sonst kaum noch miteinander Kontakt haben – Hauptschüler und Gymnasiasten, Kinder aus Wohlstandsfamilien und Kinder, deren Eltern von Sozialhilfe leben. Konfirmandenunterricht ist damit immer auch soziales Lernen. Für die Jugendlichen bietet diese Zeit eine einmalige Gelegenheit, andere Lebenssituationen kennenzulernen und sich damit auseinanderzusetzen.

In Deutschland nehmen nach wie vor über 90 % aller evangelischen Jugendlichen an der Konfirmandenarbeit teil, rund 250.000 Jugendliche jährlich, etwa 30 % eines Jahrgangs. Dies hat die bisher größte Studie zur Konfirmandenarbeit ergeben, die 2007 – 2009 mit 11.000 Konfirmandinnen und Konfirmanden sowie mit einer großen Zahl von Eltern, Pfarrerinnen und Pfarrern und weiteren Mitarbeitern in ganz Deutschland durchgeführt wurde.

Konfirmandenunterricht – aus der

Nach dieser Studie melden sich die Jugendlichen zur Konfirmandenarbeit an, weil sie getauft sind (53 %), weil sie persönlich eingeladen worden sind (44 %) und weil sie gehört haben, dass Konfirmandenarbeit Spaß macht (36 %). Nur 10 % melden sich an, weil sie sich gezwungen fühlen.

Zwei Drittel der befragten Jugendlichen sind mit ihrer Konfirmandenzeit insgesamt zufrieden. Besonders positiv werden die Konfirmandenfreizeiten (72 %), der Spaß (69 %) und die Gemeinschaft der Gruppe (72 %) sowie die Beziehung zum Pfarrer/zur Pfarrerin (73 %) bewertet. Auch haben 61 % der Jugendlichen den Eindruck, dass sie in ihrer Kirchengemeinde willkommen sind.

Eine klare Mehrheit, etwa zwei Drittel der Jugendlichen, äußert im Rückblick, dass die Konfirmandenzeit sie dem christlichen Glauben nähergebracht habe. Bei den Eltern liegt die Zufriedenheit mit der Konfirmandenarbeit insgesamt bei 77 %.

Die meisten Eltern fühlen sich von der Gemeinde ausreichend informiert. Die eigene Haltung zur Kirchengemeinde wird bei mehr als der Hälfte (55 %) der Eltern positiver. Viele Eltern berichten, dass das Interesse ihres Kindes an religiösen und auch an sozialen Themen durch die Konfirmandenzeit größer geworden sei.

Zum Teil deutliche Kritik äußern Konfirmanden und ihre Eltern an den Gottesdiensten, die sie während der Konfirmandenzeit erlebt haben. Viel besser werden die Gottesdienste gesehen, bei denen die Konfirmandinnen und Konfirmanden an der Gestaltung beteiligt waren.

Sicht von Konfirmanden und Eltern

»Ich machte hier am Anfang eigentlich nur mit wegen dem Geld. Aber Gott und alles andere interessiert mich immer mehr.«

(Konfirmand, 13 Jahre)

»Ich habe ein Kirchenfenster selber entworfen, aber es wurde nicht eingebaut.«

(Konfirmand, 14 Jahre)

»Mir macht der Konfirmandenunterricht viel Spaß. Die Kirche ist ein bisschen langweilig, wenn noch mehr Hip und Action in die Kirche mit reingenommen wird, macht auch die Kirche Spaß.«

(Konfirmandin, 13 Jahre)

»Ich habe mich über das Interesse meines Sohnes gewundert, aber auch gefreut.«

(Vater, 40 Jahre)

»Heute wird die Konfirmandenarbeit mehr auf die Interessen der Jugendlichen abgestimmt. Meines Erachtens ist auch das Praktikum wichtig für die Entwicklung der Jugendlichen.«

(Mutter, 49 Jahre)

»So hätte es bei mir auch sein dürfen.«

(Elternpaar)

Was Konfirmandinnen und Konfirmanden denken

	trifft gar nicht zu	trifft eher nicht zu	trifft eher zu	trifft völlig zu
Ich bin neugierig, was wir im Konfirmandenunterricht machen.			x	
Meine Eltern haben mich zum Konfirmandenunterricht geschickt.	x			
Ich fände es toll, wenn wir eine Freizeit machten.				x
Beim Konfirmandenunterricht treffe ich Freunde.				x
Alles, was mit Gott und dem Glauben zusammenhängt, interessiert mich eigentlich nicht.		x		
Ich möchte gern wissen, was hier in der Gemeinde los ist.		x		
Ich habe Angst, dass ich im Konfirmandenunterricht etwas glauben soll, was ich vielleicht gar nicht glauben kann.	x			
Bei der Konfirmation sind mir die Geschenke das Wichtigste.		x		
Wichtiger als die Geschenke bei der Konfirmation ist mir, dass ich mehr über den Glauben an Gott lerne.			x	
Ich gehe zum Konfirmandenunterricht, weil es mir Spaß macht.				x

So haben Dortmunder Konfirmanden geantwortet.

Eine ganz lustige Gruppe

Leonie, du bist 15 Jahre alt und vor einem Jahr konfirmiert worden. Bist du froh, dass der Konfirmandenunterricht vorbei ist?

»Ach, eigentlich war das gar keine schlechte Zeit.«

Wollten deine Eltern, dass du gehst, oder war es dein eigener Entschluss?

»Ich hatte schon gehört, dass es gar nicht so schlecht ist. Es war aber gut, dass noch einige Freundinnen dabei waren. Wenn ich keinen gekannt hätte, wäre ich nicht so gerne gegangen.«

Wie bist du mit der Konfirmandengruppe zurechtgekommen?

»Am Anfang hat es etwas gedauert, bis wir miteinander warm geworden sind. Aber dann war es eine ganz lustige Gruppe. Ich fand auch gut, dass ich viele Leute kennengelernt habe, die ich sonst nie getroffen hätte.«

Gibt es etwas, woran du dich besonders gern erinnerst?

»Das war natürlich die Freizeit mit der ganzen Gruppe im Sauerland. Wir haben in der Jugendherberge gewohnt, eine Nachtwanderung gemacht, am Lagerfeuer gesungen, haben uns aber auch mit dem Förster den Wald angesehen und im Wald zusammen Gottesdienst gefeiert. Gut war auch, dass es keinen Zwang gab und jeder seine Meinung sagen konnte.«

Und was hat dir nicht so gut gefallen?

»Die Konfirmandenzeit an sich war ganz gut, man könnte höchstens an den Gottesdiensten noch etwas ändern. Die waren für Jugendliche nicht immer interessant. Und ich würde mir als Pfarrer manchmal mehr Respekt verschaffen. Einige haben doch ganz schön gestört.«

Wie hast du deine Konfirmation erlebt?

»Die Konfirmation war für mich etwas ganz Besonderes, das man nur einmal in seinem Leben erlebt. Die ganze Familie ist zusammengekommen und hat gefeiert – alles meinetwegen. Ich gehöre jetzt mehr zu den Erwachsenen – nicht nur in der Kirche, auch in der Familie.«

Was würdest du den nächsten Konfirmanden raten?

»Konfirmandenunterricht ist gut, weil ich etwas darüber erfahre: Was ist das eigentlich, meine Religion? Aber man sollte wissen, dass es nicht nur um Geschenke geht. Man muss auch schon ein bisschen was tun und mitmachen. Dann kann's auch richtig Spaß machen.«

Abwechslungsreich

In einem Experiment fahren die Konfirmandinnen und Konfirmanden mit Rollstühlen durch ihren Ort. Sie wollen selbst erleben, wie es ist, als Rollstuhlfahrer einzukaufen, Bus zu fahren oder eine Toilette aufzusuchen.

Mehr als nur Unterricht

»Wie stelle ich mir die Zukunft vor?« Zu diesem Thema schreiben die Konfirmanden an einer Tageszeitung für den 1.9.2030. Welche Schlagzeilen werden dann das Tagesgeschehen bestimmen?

Eine Konfirmandengruppe ist meist ganz unterschiedlich zusammengesetzt. Da sitzen Gymnasiastinnen neben Hauptschülern, Gesamtschüler neben Förderschülerinnen. In vielen Gemeinden gehören auch behinderte Jugendliche zu den Konfirmandengruppen. Damit alle zu ihrem Recht kommen, müssen die Methoden ganz vielfältig sein: nicht nur lesen und schreiben, sondern auch musizieren, spielen, backen, meditieren, etwas bauen und erkunden. Ein solcher Konfirmandenunterreicht ist nicht nur abwechslungsreicher, er macht auch mehr Spaß. Pfarrerinnen und Pfarrer wissen: Wenn der Konfirmandenunterricht nicht auch Spaß macht, können wir alles andere vergessen.

Die Gemeinde kennenlernen

Zu Beginn des Konfirmandenunterrichts ist vieles neu: die Kirche, das Gemeindehaus, die verschiedenen Gemeindegruppen, die vielen Mitarbeiterinnen und Mitarbeiter. Da gibt es einiges zu erkunden: einmal auf der Kanzel stehen, die Orgel untersuchen, auf den Kirchturm klettern ...

Es ist aber auch interessant, die verschiedenen Gruppen zu besuchen, die Mitarbeiterinnen und Mitarbeiter zu interviewen oder zu fragen, was mit dem Geld in der Gemeinde geschieht. Ein kleines Gemeindepraktikum, in dem die Konfirmandinnen und Konfirmanden im Kindergarten, im Seniorencafe, beim Gemeindebrief, im Eine-Welt-Laden oder bei der Tafel mitarbeiten, kann ihnen genauere Einblicke in die Arbeit einer Kirchengemeinde vermitteln. In ihrer Konfirmandenzeit sollen die Jugendlichen möglichst viel vom Leben in der Gemeinde mitbekommen. So können Beziehungen entstehen, die auch nach der Konfirmation weiter Bestand haben.

Sich eine eigene Meinung bilden

Die Oma einer Konfirmandin ist gestorben. Sie hat selbst davon erzählt, weil sie über das Thema »Tod« im Konfirmandenunterricht einmal sprechen wollte. »Was kommt nach dem Tod? Hat nicht jede Religion ihre eigene Vorstellung?« Auch für die anderen Konfirmandinnen und Konfirmanden sind diese Fragen wichtig. Von der Pfarrerin oder dem Pfarrer erwarten sie dazu ehrliche Antworten.

Im Konfirmandenunterricht gibt es keine Denkverbote. Es ist wichtig, dass jeder und jede sagen kann, was er oder sie denkt. Auch um heiße Eisen wird kein Bogen gemacht. »Hat Gott die Welt geschaffen oder war es ein Urknall und alles Zufall? Ist Jesus wirklich von den Toten auferstanden?« Fast alle Konfirmandinnen und Konfirmanden haben solche oder ähnliche Fragen, auch wenn sie sie manchmal hinter einer coolen Fassade verstecken. Im Konfirmandenunterricht geht es darum, sich eine eigene Meinung zu bilden. Das ist wichtiger, als alte Texte fehlerfrei aufsagen zu können.

Gemeinsam etwas tun

Konfirmandinnen und Konfirmanden haben zu dem Gebot »Du sollst nicht töten« die gefährlichen Verkehrspunkte in der Gemeinde untersucht, fotografiert und in einer Dokumentation festgehalten. Im Gespräch mit einem Mitarbeiter des Straßenverkehrsamtes berichten sie von ihren Erfahrungen.

Im Konfirmandenunterricht lernen Jugendliche, dass sie den Problemen in ihrer Umgebung nicht hilflos gegenüberstehen müssen, sondern selbst etwas bewirken können. Sie können eine Öko-Rallye durch die Gemeinde organisieren, einen Nachmittag im Altenheim gestalten, das Tierheim besuchen oder auf der Polizeiwache über das Gebot »Du sollt nicht stehlen« diskutieren.

Der Konfirmandenunterricht ist heute mehr als nur Unterricht. Auch Erkundungen, Umfragen und Aktionen gehören dazu. Vor allem aber Begegnungen mit Menschen, die sich als Christen verstehen und glaubwürdig aus ihrem Leben und von ihrer Arbeit erzählen können.

In den meisten Gemeinden beginnt der Konfirmandenunterricht mit einem Gottesdienst, zu dem auch die Eltern und Geschwister eingeladen sind. Oft erleben die neuen Konfirmanden und ihre Eltern dabei zugleich einen »anderen« Gottesdienst, den Jugendliche mit vorbereitet haben und in dem neuere Lieder gesungen werden.

Andere Gottesdienste

Zur Konfirmandenzeit gehört auch der Besuch des Gottesdienstes. Die Konfirmandinnen und Konfirmanden müssen diese Gottesdienste aber nicht »absitzen«, es gibt viele Möglichkeiten, die Jugendlichen am Gottesdienst zu beteiligen: Sie suchen Lieder aus, stellen Ergebnisse aus dem Unterricht vor, lesen die Bibeltexte mit verteilten Rollen, bedienen die technischen Geräte und gehen der Küsterin oder dem Küster zur Hand.

»Ich hätte mir mehr Mitarbeit der Konfis im Gottesdienst gewünscht, ansprechendere Gottesdienste, ›flotter‹, mehr die Teenies betreffend.«
(Mutter, 47 Jahre)

Leider werden diese Möglichkeiten, wie Befragungen zeigen, nicht immer aufgegriffen. Konfirmandenarbeit und Gottesdienst stehen leider häufig nebeneinander. Doch die Konfirmanden haben ebenso wie ihre Eltern einen Anspruch auf interessante, fröhliche und lebensnahe Gottesdienste. Die Erfahrung zeigt: Was für die Jugendlichen gut ist, ist meist auch für die anderen im Gottesdienst gut. Gottesdienste mit Konfirmandinnen und Konfirmanden sind oft anders: interessanter, aktueller, bunter.

»Was die Jugendlichen in dieser Zeit auch aufgrund der tollen Ausflüge und Aktionen erlebt haben, wird ihnen sicher ihr Leben lang in Erinnerung bleiben. Auch wenn manche vielleicht erst später begreifen, wie gut diese Konfizeit war.«

(Mutter, 40 Jahre)

Auf Freizeiten

Höhepunkte der Konfirmandenzeit sind meist die Freizeiten. In manchen Gemeinden findet eine statt, in anderen zwei oder mehr, immer mehr Gemeinden organisieren heute auch ein großes Konfi-Camp. Fast immer sind jugendliche Mitarbeiterinnen und Mitarbeiter dabei, zu denen Konfirmandinnen und Konfirmanden meist schnell Vertrauen fassen.

Für den Zusammenhalt in der Konfirmandengruppe haben die Freizeiten eine ganz wichtige Funktion: Jugendliche von verschiedenen Schulen und aus unterschiedlichen Milieus lernen sich besser kennen, man erlebt die Pfarrerin oder den Pfarrer von einer ganz anderen Seite, lernt neue Spiele und erarbeitet ein Thema mit unterschiedlichen Methoden. Zugleich lernen die Konfirmandinnen und Konfirmanden in der Zusammengehörigkeit von Feier, Arbeit, Spiel, Essen, Spaß und respektvollem Umgang miteinander in Ansätzen Formen gemeinschaftlichen christlichen Zusammenlebens kennen.

Vor jeder Konfirmandenfreizeit findet ein Elternabend statt, bei dem umfassend über die Freizeit informiert wird und alle die Eltern interessierenden Fragen besprochen werden.

Der Konfirmandenunterricht lebt von der Zusammenarbeit von Eltern und Unterrichtenden. Wenn beide Seiten sich gegenseitig unterstützen, kommt das letztlich den Konfirmandinnen und Konfirmanden zugute.

- *Eltern haben ein Recht darauf, über Ziele und Methoden des Konfirmandenunterrichts informiert zu werden. Wenn möglich erhalten sie schon zu Beginn eine Terminübersicht und eine aktuelle Telefonliste.*
- *Während der Konfirmandenzeit finden mehrere Elternabende statt, bei denen Fragen des Unterrichts besprochen und mögliche Probleme geklärt werden können.*

Ohne Eltern geht es nicht

- *Auf Wunsch von Eltern können auch Hausbesuche der Pfarrerin oder des Pfarrers vereinbart werden, wenn besondere Fragen angesprochen werden sollen.*
- *Eltern können auch den Unterricht besuchen, um sich ein eigenes Bild zu verschaffen.*
- *Die Eltern können den Gottesdienstbesuch ihrer Kinder unterstützen, indem sie sie zum Gottesdienst begleiten. Gerade die Gottesdienste, die von den Konfirmandinnen und Konfirmanden vorbereitet worden sind und in denen sie mitwirken, verdienen die Aufmerksamkeit und das Interesse der Eltern.*
- *Sollten die Kinder durch Krankheit, Schulfahrten oder andere Ereignisse verhindert sein, am Unterricht teilzunehmen, sollten die Eltern die Unterrichtenden darüber verständigen. Gerade für Konfirmandinnen und Konfirmanden, die in vielfältigen und manchmal auch komplizierten Familienverhältnissen leben, sind rechtzeitige Informationen und verlässliche Absprachen besonders wichtig.*

- *Vielleicht haben einige Eltern auch Lust, im Konfirmandenunterricht mitzuarbeiten, bei einem Ausflug mitzufahren, einen Grillabend mitzuorganisieren oder in einer anderen Weise behilflich zu sein.*

Es schafft eine Atmosphäre gegenseitigen Vertrauens, wenn Ihr Kind merkt, dass Sie sich für die Themen, Erfahrungen und Ergebnisse des Konfirmandenunterrichts interessieren.
Die Konfirmandenzeit der eigenen Kinder bedeutet für die Eltern nicht selten auch eine Wiederbegegnung mit der Kirche – oft nach längerer Zeit. Das kann eine Chance sein, neue Kontakte zu knüpfen und Gesprächsmöglichkeiten zu nutzen, nach denen manche Eltern vielleicht schon länger gesucht haben.

Konfirmandenarbeit

Anmeldung / Alter

Die Anmeldung zum Konfirmandenunterricht findet in der Regel im 13. Lebensjahr statt, wenn die Jugendlichen die 7. Schulklasse besuchen. Meist schreiben die Kirchengemeinden die Jugendlichen und ihre Eltern persönlich an, oft werden die Familien auch noch zusätzlich über die Tageszeitung und den Gemeindebrief informiert. Die Anmeldung erfolgt schriftlich und wird von den Eltern sowie von den Konfirmanden unterschrieben.

Dauer

Die Konfirmandenzeit kann in den einzelnen Gemeinden und Landeskirchen unterschiedlich lang sein – in manchen Gemeinden dauert sie fast zwei Jahre, in anderen anderthalb oder ein Jahr. Zur Konfirmandenarbeit gehören aber mindestens 70 – 80 Stunden Unterricht, mit monatlichen Konfirmandentagen, mit Projekten und Freizeiten oder auch mit gemeinsamen Konfi-Camps mehrerer Gemeinden. Häufig gibt es auch Mischformen mit einer Phase wöchentlicher Treffen und einer Phase monatlicher Blöcke, Exkursionen und Projekte.

Schule

Immer mehr Schulen werden zu Ganztagsschulen. Das kann hier und da zu zeitlichen Konflikten mit dem Konfirmandenunterricht führen. Mit den Schulministerien der einzelnen Bundesländer gibt es aber in der Regel Vereinbarungen, einen Nachmittag in der Woche für die Klassen 7 und 8 schulfrei zu halten. Das gilt auch für Ganztagsschulen.

Gottesdienst

Zur Konfirmandenzeit gehört auch der Besuch des Gottesdienstes. Schon bei der Anmeldung oder einem ersten Elternabend sollten Eltern mit den Pfarrerinnen und Pfarrern klären, wie die Gottesdienstteilnahme der Konfirmanden in der jeweiligen Gemeinde geregelt ist. Eltern unterstützen ihre Kinder, wenn sie gemeinsam mit diesen zum Gottesdienst gehen und auch darauf achten, dass die Konfirmandinnen und Konfirmanden in die Gestaltung der Gottesdienste einbezogen sind.

Freizeiten

Ist eine Konfirmandenfreizeit geplant, braucht die Freizeitleitung eine schriftliche Anmeldung Ihres Kindes, in der Sie auch für die Dauer der Freizeit die Aufsicht für Ihr Kind der Freizeitleitung übertragen.
Findet die Freizeit während der Schulzeit statt, können Schüler auf Antrag der Eltern bis zu zwei Tagen von der Schule beurlaubt werden.

Auswendiglernen

Lernen mit Konfirmanden ist mehr als das Auswendiglernen von Texten. Verstehen, erleben und eine eigene Meinung gewinnen, ist wichtiger, als fremde Worte fehlerfrei aufsagen zu können. Dennoch ist Auswendiglernen nicht völlig überflüssig geworden, es sollte sich aber auf die Texte konzentrieren, deren Kenntnis man zu Recht von einem Christen erwarten kann: das Vaterunser, das Glaubensbekenntnis, die Zehn Gebote und wenn es geht einen Psalm, etwa Psalm 23. Dies ist auch der Konsens in den meisten Gemeinden.

Konfirmandenprüfung / Vorstellungsgottesdienst

Früher war es üblich, vor der Konfirmation eine Prüfung abzulegen, in der die Konfirmanden zeigen sollten, was sie in der Konfirmandenzeit gelernt und verstanden haben. Oft fand diese Prüfung vor der Gemeinde in einem Gottesdienst statt, manchmal auch vor dem Kirchenvorstand bzw. dem Presbyterium. Eine eigene Konfirmandenprüfung gibt es heute kaum noch. In der Regel findet stattdessen ein Vorstellungsgottesdienst statt, den die Konfirmandinnen und Konfirmanden selbst vorbereitet haben und in dem sie sich der Gemeinde vorstellen.

Wie haben Sie den Konfirmandenunterricht Ihrer Kinder erlebt?

»Im Nachhinein war die Konfirmandenzeit für meine Kinder eine wichtige Etappe. Sie sind dadurch freier und selbstständiger geworden. Ich selbst bin durch diese Zeit wieder in eine viel stärkere Berührung mit der Kirche gekommen.«

Haben Sie Ihre Kinder gedrängt, zum Konfirmandenunterricht zu gehen oder es ihnen ganz selbst überlassen?

»Meine Tochter war von Anfang an interessiert. Der Sohn jedoch wollte erst gar nicht gehen. Er war früher nicht zu bewegen, zu irgendeiner Gruppe zu gehen. Er hat dann aber einen interessanten Konfirmandenunterricht erlebt und arbeitet jetzt aktiv in der Jugendarbeit mit.«

Was hat Ihnen am Konfirmandenunterricht Ihrer Kinder, soweit Sie es mitbekommen haben, gut gefallen?

»Mir hat besonders gefallen, dass die Konfirmanden mit viel Spaß und menschlichem Verständnis an den Glauben herangeführt wurden. Diese positive Erfahrung werden sie sicherlich bewahren und später darauf zurückgreifen können. Überzeugt hat mich dann vor allem das Ergebnis: Durch den Konfirmandenunterricht sind meine Kinder, vor allem der Sohn, aktiver geworden.«

Und was fanden Sie weniger gut?

»Ich hätte mir noch mehr Informationen für die Eltern gewünscht. Ich weiß, dass einige Eltern sich bei den Ausflügen und auch beim Gemeindefest gern beteiligt hätten, sie wurden aber nicht gefragt.«

Ein festlicher Tag

Die Konfirmandenzeit endet mit der festlichen Konfirmation. Sie wird meist als großes Familienfest gefeiert, ist zunächst aber ein kirchliches Fest mit viel öffentlicher Aufmerksamkeit. Die örtliche Sparkasse gratuliert und schickt einen Gutschein, die Namen der Konfirmandinnen und Konfirmanden werden vielerorts in der Presse veröffentlicht und am Tag nach der Konfirmation gibt es weithin schulfrei. Oft melden sich auch die Nachbarn mit Grüßen und Geschenken, in vielen Regionen werden sie am Folgetag zum Kaffeetrinken eingeladen.

Die Konfirmation hat eine lange Tradition, in der Bibel wird sie aber noch nicht erwähnt. Ein Sakrament wie die Firmung in der katholischen Kirche ist sie auch nicht. Die Wurzeln der Konfirmation reichen zurück bis zum Reformator Martin Bucer. Seine Konfirmationsordnung wurde erstmals 1539 in Hessen umgesetzt. Doch erst mit der Anordnung der allgemeinen Schulpflicht, im 18. Jahrhundert, setzte sich die Konfirmation überall in den protestantischen Gegenden durch.

Ursprünglich zielte die Konfirmation darauf ab, dass die Konfirmanden öffentlich ihren Glauben bekannten. Die Prüfung zu Katechismus, Bibel und Gesangbuch, die der Konfirmation vorausging, wurde in den letzten Jahrzehnten jedoch durch einen von den Konfirmandinnen und Konfirmanden vorbereiteten und gestalteten »Vorstellungsgottesdienst« ersetzt. Statt eines persönlichen Glaubensbekenntnisses steht heute der persönlich zugesprochene Segen im Mittelpunkt des Konfirmationsgottesdienstes.

Bis vor kurzem war die Konfirmation meist auch mit der »Zulassung« zum Abendmahl verbunden. Auch heute noch wird im Konfirmationsgottesdienst oft das Abendmahl gefeiert; in vielen Gemeinden findet jedoch ein Abendmahlsgottesdienst am Vorabend der Konfirmation statt. Meist jedoch feiern die Konfirmanden das Abendmahl heute schon im Laufe ihrer Konfirmandenzeit – nicht selten erstmals auf einer gemeinsamen Freizeit.

Über lange Zeit hinweg war die Konfirmation auch ein wichtiger Initiationsritus. Für die meisten Konfirmanden fiel er zeitlich mit der Schulentlassung zusammen. Man bekam einen Anzug, ein Kleid, die erste Uhr und feste Schuhe, damit man die Lehre oder Stellung antreten konnte.

Auch wenn heute der Führerschein bei den meisten Jugendlichen den Übergang ins Erwachsenenalter deutlicher markiert als die Konfirmation, bleibt diese ein ganz besonderer Tag. Zum ersten Mal in ihrem Leben stehen die Jugendlichen selbst im Mittelpunkt. Die Konfirmation ist immer noch ein Start ins Erwachsenwerden.

Was Sie vielleicht wissen wollen

»Meine Tochter ist nicht getauft.
Kann sie trotzdem am Konfirmandenunterricht teilnehmen?«

Sie können Ihre Tochter ohne Schwierigkeiten zum Konfirmandenunterricht anmelden. Ihre Tochter wird dann entweder irgendwann im Laufe der Konfirmandenzeit in einem gemeinsam vorbereiteten Taufgottesdienst getauft oder ihre Taufe findet im Rahmen des Konfirmationsgottesdienstes statt. Meisten sind es mehrere Kinder, die während der Konfirmandenzeit gemeinsam getauft werden. Aber das Wie und Wann der Taufe können Sie mit Ihrer Pfarrerin oder Ihrem Pfarrer noch genauer besprechen.

»Ich möchte mit dem Konfirmandenunterricht meines Sohnes lieber noch ein Jahr warten. Geht das?«

Nachteile entstehen Ihrem Sohn nicht, wenn Sie noch ein Jahr warten. Erfahrungsgemäß spielt bei dieser Frage aber auch eine Rolle, wann die Freunde Ihres Sohnes zum Unterricht gehen. Dies sollten Sie bei Ihrer Entscheidung mitberücksichtigen.

»Kostet der Konfirmandenunterricht Geld?«

Der Unterricht selbst und die Konfirmation sind kostenlos. Es kann aber sein, dass sie das Unterrichtsbuch oder die Bibel bezahlen müssen. Auch bei der Freizeit fallen Kosten an. Insgesamt ist der Konfirmandenunterricht aber ausgesprochen »preiswert«. Sollten Sie aber dennoch Probleme mit anfallenden Kosten haben, können Sie dies vertrauensvoll mit Ihrer Pfarrerin oder Ihrem Pfarrer klären.

»Ändert sich mit der Konfirmation etwas für die Paten?«

Eigentlich endet die Patenschaft mit der Konfirmation, mit der die Konfirmandinnen und Konfirmanden ihre Religionsmündigkeit erlangen. Viele Patenschaften halten aber über den Konfirmationstag hinaus. Die Paten bleiben ihren Patenkindern freundschaftlich verbunden und das ist für diese in der Regel sehr bereichernd.

»Wir sind nicht mehr in der Kirche.
Kann unser Sohn trotzdem am Konfirmandenunterricht teilnehmen?«

Ja. Von Ihrem Kirchenaustritt bleibt der Unterrichtsbesuch Ihres Sohnes unberührt. Für Ihren Sohn ist es wichtig, dass Sie seine Konfirmandenzeit unterstützen und ihn in dieser Zeit auch öfter zu den Gottesdiensten begleiten.

Tipps für die Feier des

1. Planen Sie den Konfirmationstag zusammen mit Ihrer Tochter bzw. Ihrem Sohn! Es ist der Tag der Konfirmanden!
2. Lassen Sie Ihre Tochter oder Ihren Sohn mitentscheiden, wer zur Konfirmation eingeladen werden soll. Gerade wenn die Eltern getrennt leben oder in neuen Familienverhältnissen, sollten die Einladungen mit den Konfirmandinnen und Konfirmanden besprochen werden, damit es zu einvernehmlichen Lösungen kommen kann.
3. Wo soll die Feier stattfinden? Wird zu Hause gefeiert oder geht man zum Mittagessen ins Restaurant bzw. Gasthaus? Restaurants müssen in der Regel sehr bald reserviert werden, sobald der Konfirmationstermin feststeht.
4. Auch das Essen sollten Sie mit Ihrer Tochter bzw. Ihrem Sohn besprechen. Denken Sie daran, dass auch Vegetarier unter den Gästen sein können.
5. Zu einem festlichen Anlass gehört auch festliche Kleidung. Konfirmanden sollten sich darin aber auch wohlfühlen können – und die Kleidung sollte auch über den Konfirmationstag hinaus getragen werden können.
6. Die Konfirmandinnen und Konfirmanden können selbst die Tischkarten für ihre Gäste schreiben und schön gestalten.

7. Wer soll das Tischgebet sprechen? Nach erfolgreich absolvierter Konfirmationszeit sind die Konfirmandinnen und Konfirmanden sicher dazu in der Lage – zumindest können sie es aussuchen.

8. Patentante oder Patenonkel können eine kleine Tischrede vorbereiten. Die Anfrage sollte jedoch rechtzeitig erfolgen, sodass die Rede vorbereitet werden kann.

Konfirmationstages in der Familie

9. Die Gäste können sich mit Namen und einem persönlichen Wunsch in einem von den Konfirmanden gestalteten Gästebuch eintragen. Darin können später auch die Fotos der Gäste Platz finden.

10. Eine Foto-Leiste »Von der Geburt bzw. Taufe bis zur Konfirmation« zeigt den Werdegang des Konfirmanden oder der Konfirmandin.

11. Die Gäste werden gebeten, ihre Konfirmations- oder Kommunionsfotos mitzubringen. Wer ist wer? – Die Gäste können auch gebeten werden, ein Kinderfoto von sich mitzubringen. Diese werden dann in bunter Reihenfolge mit kleinen Wäscheklammern an einer Leine befestigt. Wer wird erraten?

12. Wer von den Gästen und von den Familienmitgliedern kennt noch den eigenen Konfirmationsspruch?

13. »Das – wünsch – ich – dir – Runde«: Jeder Gast beschreibt einen guten Wunsch für die Konfirmierte bzw. den Konfirmierten, den er dann auch in das Gästebuch einträgt.

14. Um die Eltern zu entlasten könnte ein Gast vorher gebeten werden, während des Konfirmationstages zu fotographieren oder zu filmen.

15. Bevor die ersten Gäste sich verabschieden, ist es sinnvoll, einen kleinen Einschnitt im Tagesablauf zu machen, damit Ihre Tochter bzw. Ihr Sohn sich öffentlich bei allen Gästen bedanken kann.

Gott sagt: Ich will dich segnen und du sollst ein Segen sein. (1 Mose 12,2)

Siehe, ich habe dir geboten, dass du getrost und unverzagt seist. Lass dir nicht grauen und entsetze dich nicht; denn der Herr, dein Gott, ist mit dir in allem, was du tun wirst. (Josua 1,9)

Ein Mensch sieht, was vor Augen ist; Gott aber sieht das Herz an. (1 Samuel 16,7)

Konfirmationssprüche

Und ob ich schon wanderte im finstern Tal, fürchte ich kein Unglück; denn du bist bei mir, dein Stecken und Stab trösten mich. (Psalm 23,4)

Der Herr ist mein Licht und mein Heil; vor wem sollte ich mich fürchten? Der Herr ist meines Lebens Zuflucht; vor wem sollte mir grauen? (Psalm 27,1)

Ich will dich unterweisen und dir den Weg zeigen, den du gehen sollst; ich will dich mit meinen Augen leiten. (Psalm 32,8)

Herr, deine Güte reicht, so weit der Himmel ist, und deine Wahrheit, so weit die Wolken gehen. (Psalm 36,6)

Befiehl dem Herrn deine Wege und hoffe auf ihn, er wird's wohl machen. (Psalm 37,5)

Gott sagt: Rufe mich an in der Not, so will ich dich erretten und du sollst mich loben. (Psalm 50,15)

Denn er hat seinen Engeln befohlen, dass sie dich behüten auf allen deinen Wegen. (Psalm 91,11)

Lobe den Herrn, meine Seele, und vergiss nicht, was er dir Gutes getan hat. (Psalm 103,2)

Von allen Seiten umgibst du mich und hältst deine Hand über mir. (Psalm 139,5)

Gott sagt: Fürchte dich nicht, ich bin mit dir, weiche nicht, denn ich bin dein Gott. Ich stärke dich, ich helfe dir auch, ich halte dich durch die rechte Hand meiner Gerechtigkeit. (Jesaja 41,10)

Fürchte dich nicht, denn ich habe dich erlöst; ich habe dich bei deinem Namen gerufen. Du bist mein. (Jesaja 43,1)

Selig sind die Friedensstifter; denn sie werden Gottes Kinder heißen. (Matthäus 5,9)

Kommt her zu mir alle, die ihr mühselig und beladen seid; ich will euch erquicken. (Matthäus 11,28)

Also hat Gott die Welt geliebt, dass er seinen eingeborenen Sohn gab, auf dass alle, die an ihn glauben, nicht verloren werden, sondern das ewige Leben haben. (Johannes 3,16)

Jesus sagt: Ich bin das Brot des Lebens. Wer zu mir kommt, den wird nicht hungern; und wer an mich glaubt, den wird nimmermehr dürsten. (Johannes 6,35)

Jesus sagt: Ich bin das Licht der Welt. Wer mir nachfolgt, der wird nicht wandeln in der Finsternis, sondern wird das Licht des Lebens haben. (Johannes 8,12)

Lass dich nicht vom Bösen überwinden, sondern überwinde das Böse mit Gutem. (Römer 12,21)

Nun aber bleiben Glaube, Hoffnung, Liebe, diese drei; aber die Liebe ist die größte unter ihnen. (1 Korinther 13,13)

Gott hat uns nicht gegeben den Geist der Furcht, sondern der Kraft und der Liebe und der Besonnenheit. (2 Timotheus 1,7)

Niemand hat Gott jemals gesehen. Wenn wir uns untereinander lieben, so bleibt Gott in uns und seine Liebe ist völlig in uns. (1 Johannes 4,12)

Gott ist Liebe; und wer in der Liebe bleibt, der bleibt in Gott und Gott in ihm. (1 Johannes 4,16)

Abendmahl

Das Abendmahl geht auf die letzte Mahlzeit Jesu vor seinem Tod zurück. Dabei deutete Jesus Brot und Wein als Zeichen seines bevorstehenden Todes und versprach seinen Jüngern, auch in Zukunft bei der gemeinsamen Feier des Abendmahls selbst unter ihnen zu sein. Zuerst feierten die Christen das Abendmahl als eine richtige Mahlzeit. Daraus wurde mit der Zeit eine gottesdienstliche Feier, die in der katholischen Kirche »Eucharistie« (= Danksagung) genannt wird. Zwischen Evangelischer und Katholischer Kirche gibt es Differenzen im Verständnis des Abendmahls, die eine Abendmahlsgemeinschaft beider Kirchen bis heute verhindern. Nach katholischem Verständnis kann das Abendmahl nur durch einen geweihten Priester vollzogen werden, nicht-katholische Christen können nur in streng geregelten Ausnahmefällen am katholischen Abendmahl teilnehmen. Die Evangelische Kirche kennt diese Einschränkung nicht, sie lädt Christen unabhängig von ihrer Konfession zum Abendmahl ein. Kinder können in der Evangelischen Kirche in Begleitung Erwachsener am Abendmahl teilnehmen, mit der Konfirmation können sie selbstständig zum Abendmahl gehen.

Beichte

Nicht nur Katholiken beichten, sondern auch Protestanten, auch wenn in den evangelischen Kirchen die Beichtstühle abgeschafft worden sind. Die Beichte besteht aus dem Aussprechen eigener Schuld und dem Zuspruch der Vergebung Gottes durch einen Pfarrer oder einen anderen Christen. Sie kann entweder in einem Gemeindegottesdienst oder in einem persönlichen Beichtgespräch stattfinden. Über das in der Beichte Ausgesprochene muss der Pfarrer Verschwiegenheit bewahren (Beichtgeheimnis).

Kirche und Religion von A bis Z

Bibel

Das Wort »Bibel« stammt aus der griechischen Sprache und bedeutet »Bücher« (biblia). Denn die Bibel ist eine Sammlung von 66 Einzelschriften, 39 aus dem

Alten und 27 aus dem Neuen Testament. Sie sind insgesamt in einem Zeitraum von 1.000 Jahren (900 v. Chr. bis 100 n. Chr.) entstanden.

Die Bibel ist von Menschen geschrieben worden, die ihre Erfahrungen mit Gott zunächst mündlich weitergegeben haben, bevor sie dann nach und nach schriftlich festgehalten wurden. Im AT haben jüdische Gelehrte ab dem 5. Jahrhundert v. Chr. die heiligen Schriften gesammelt, bearbeitet und zu einzelnen Büchern zusammengestellt. Die frühesten Schriften des NT sind die Briefe des Apostels Paulus. Die Worte Jesu und die Berichte über sein Wirken sind zunächst mündlich weitererzählt worden, bis Markus sie um das Jahr 70 herum als erster in einem Evangelium zusammengestellt hat.

Die Bibel ist das meist übersetzte und meist verbreitete Buch der Welt. »Sie ist ein geistiges Weltkulturerbe, das Menschen und Gesellschaften zukunftsfähig macht.« (EKD) Ohne Kenntnis der Bibel können wir unsere Kultur und Geschichte, aber auch Literatur, Musik und Künste nicht wirklich verstehen. Mit Luthers Bibelübersetzung aus dem 16. Jahrhundert beginnt die moderne deutsche Sprache. Figuren und Erzählungen der Bibel begegnen uns bis heute in Politik, Film, Werbung und Alltagssprache.

Empfehlenswerte Bibelübersetzungen sind die sprachlich unerreichte Lutherbibel, die Zürcher Bibel, die ökumenische Einheitsübersetzung oder die Gute Nachricht Bibel.

Diakonie

Die Diakonie (= von diakonia = Dienst) ist die Sozialarbeit der Evangelischen Kirche (Das katholische Pendant ist die Caritas). Diakonie ist vor allem Dienst an den Menschen, die der Hilfe bedürfen – ohne Ansehen von Religion, kultureller Herkunft oder politischer Überzeugung. Täglich kümmern sich bei der Diakonie etwa 450.000 hauptamtliche Beschäftigte, fast ebenso viele ehrenamtliche Mitarbeiter und viele Praktikanten um mehrere Millionen Menschen in Kindertagesstätten, Krankenhäusern, Altenzentren, Jugendzentren und Hospizgruppen, in der Ausländer- und Flüchtlingsarbeit, in Beratungsstellen und bei der Bahnhofsmission.

EKD

Die Evangelische Kirche in Deutschland (= EKD) ist der Zusammenschluss von 20 selbstständigen Landeskirchen (z.B. Westfalen, Hessen-Nassau, Hannover). Die EKD fördert gemeinsame Projekte und Anliegen der Evangelischen Kirche, vertritt die Landeskirchen in allen rechtlichen und öffentlichen Fragen gegenüber der Bundesregierung und der EU und vertritt evangelische Positionen zu wichtigen gesellschaftspolitischen Fragen. Ein jeweils auf sechs Jahre gewählter Rat (15 Mitglieder) steht an der Spitze der EKD. Ihren Sitz hat die EKD in Hannover.

Freikirchen

Baptisten, Methodisten, Mennoniten, Quäker oder die Heilsarmee gehören nicht zu den Sekten, sondern sind Freikirchen, die sich hauptsächlich durch freiwillige Beiträge ihrer Mitglieder finanzieren. Sie wollen frei sein von jeder rechtlichen Bindung an den Staat, lehnen die Kirchensteuer ab und fordern von den Mitgliedern eine bewusste Glaubensentscheidung. In den wesentlichen Punkten des christlichen Glaubens gibt es zwischen den Freikirchen und den evangelischen Landeskirchen keine Unterschiede. Die Freikirchen verstehen sich selbst als evangelische Kirchen.

Gemeinde

Alle evangelischen Christen gehören in der Regel zu einer Gemeinde an ihrem Wohnort. Die Gemeinden können unterschiedlich groß sein, nur einen oder mehrere Pfarrbezirke umfassend. Innerhalb der EKD gibt es mehr als 15.000 Kirchengemeinden. Gemeinden sind selbstständig und werden zusammen mit dem Pfarrer von einem auf Zeit gewählten Kirchenvorstand bzw. Presbyterium geleitet. Die Gemeinde ist für die kirchliche Arbeit vor Ort zuständig: für die Gottesdienste und die Kirchenmusik, für die Konfirmanden- und die Jugendarbeit, für die Amtshandlungen und für eine Vielzahl weiterer gemeindlicher Angebote.

Gottesdienst

Jeden Sonntagmorgen laden die Glocken zum Gottesdienst. Etwa drei Millionen evangelische und katholische Christen gehen in Deutschland jede Woche. An manchen Feiertagen, z.B. Erntedank oder Heiligabend, sind es wesentlich mehr. In jedem Gottesdienst kommen Lieder, Gebete, Bibellesung, Glaubensbekenntnis, Predigt, Vaterunser und Segen vor, oft auch Abendmahl und Taufe. Eine starre Ordnung hat der Gottesdienst aber nicht. Es gibt auch Jugend- und Familiengottesdienste, Kinder- und Schulgottesdienste. Der Gottesdienst ist kein kirchliches Showprogramm, er lebt von der Beteiligung vieler. In der

Evangelischen Kirche liegt die Verantwortung für den Gottesdienst beim Kirchenvorstand bzw. Presbyterium.

Kirchenaustritt

Wer aus der Kirche austreten will, muss nach deutschem Recht zu diesem Zweck eine Erklärung beim Amtsgericht abgeben. Wer ausgetreten ist, kann nicht mehr Pate werden und verliert den Anspruch auf eine kirchliche Trauung oder Bestattung. Die eigene Taufe kann aber durch einen Kirchenaustritt nicht rückgängig gemacht werden.

Kircheneintritt

Wer in die Kirche eintreten will, wendet sich an den Pfarrer oder die Pfarrerin seiner Gemeinde. Da viele Menschen nicht mehr wissen, zu welcher Kirchengemeinde sie gehören, sind inzwischen in vielen Städten Wiedereintrittsstellen eingerichtet worden. Einem persönlichen Gespräch und der (Wieder-)Eintrittserklärung folgt beim Wiedereintritt die offizielle Wiederaufnahme in die Kirche mit der Teilnahme am Gemeindegottesdienst. Bei Nichtgetauften ist der Eintritt mit der Taufe verbunden.

Kirchenmitgliedschaft

Kirchenmitglied wird man durch die Taufe in einer evangelischen Kirchengemeinde. Fand die Taufe in einer anderen Konfession statt, so ist die Aufnahme in die Evangelische Kirche (s. Kircheneintritt) Voraussetzung für die Kirchenmitgliedschaft. Die Kirchenmitgliedschaft besteht zur Kirchengemeinde, zur Landeskirche und zur EKD. Zieht ein Kirchenmitglied in das Gebiet einer anderen Landeskirche, wird es dort Mitglied. Kirchenmitglieder haben Anspruch auf alle Dienste der Kirche, z.B. auf Taufe, Konfirmation, Trauung, Bestattung und alle weiteren kirchlichen Angebote. Sie können mit entsprechendem Alter bei der Besetzung kirchlicher Ämter (z.B. Kirchenvorstand bzw. Presbyterium) das aktive und passive Wahlrecht wahrnehmen und auch das Patenamt übernehmen. In der Regel ist die Kirchenmitgliedschaft auch eine Voraussetzung für die Übernahme eines kirchlichen Amtes oder für eine Beschäftigung in der Kirche.

Kirchensteuer

Die Kirchensteuer beträgt zurzeit, je nach Bundesland, acht oder neun Prozent der Lohn- oder Einkommenssteuer. Für den Einzug erhält der Staat eine Gebühr in Höhe von drei bis vier Prozent des Steueraufkommens – dies ist weitaus günstiger als ein eigenes kirchliches Erhebungssystem. Mit der Kirchensteuer finanzieren die Kirchenmitglieder, die über ein eigenes Einkommen verfügen, die vielfältigen Aufgaben und Leistungen der Kirche. Die Kirchensteuer darf nur für kirchliche Aufgaben verwendet werden.

Kollekte

Kollekte nennt man die Geldsammlung während oder am Schluss des Gottesdienstes, die auf einen Brauch aus der frühen Christenheit zurückgeht. Gesammelt wird für kirchliche, diakonische, soziale und ökumenische Aufgaben. Der Verwendungszweck der Kollekte wird während des Gottesdienstes bekannt gegeben.

Ökumene

Mit Ökumene (griech. = die gesamte bewohnte Erde) wird heute die Zusammenarbeit zwischen den einzelnen christlichen Kirchen bezeichnet. Der Ökumenische Rat der Kirchen (ÖRK) wurde 1948 in Amsterdam gegründet. Er repräsentiert mit seinen 349 Mitgliedskirchen zurzeit rund 560 Millionen Christen in mehr als 110 Ländern und hat seinen Sitz in Genf. Zum Ökumenischen Rat der Kirchen gehören weltweit fast alle protestantischen und die meisten orthodoxen Kirchen – nicht aber die römisch-katholische Kirche, die aber in vielen Fragen mit dem ÖRK zusammenarbeitet.

Pate

Das Wort »Pate« stammt vom lateinischen pater spiritualis, dem »geistlichen Vater«. Bei der Taufe versprechen die Paten, ebenso wie die Eltern für die christliche Erziehung des Kindes zu sorgen. Darum soll mindestens einer der Taufpaten Mitglied der evangelischen Kirche sein, weitere Paten müssen einer der christlichen Kirche angehören. Können trotz aller Bemühungen keine Paten gefunden werden, stellt dies letztlich aber kein Taufhindernis dar. Das Patenamt kann nicht rückgängig gemacht werden.

Üblicherweise endet das Patenamt mit der Konfirmation, mit der Jugendliche ihre Religionsmündigkeit erlangen (Erwachsene, die sich taufen lassen, brauchen daher auch keine Paten). In den meisten Fällen werden Paten jedoch auch über die Konfirmation hinaus ihrem Patenkind in freundschaftlicher Begleitung verbunden bleiben.

Konfirmanden, die sich erst während der Konfirmandenzeit oder kurz vor der Konfirmation taufen lassen, benötigen keine Paten mehr. Mit der Konfirmation erhalten die Konfirmanden nun ihrerseits das Recht, selbst das Patenamt zu übernehmen.

Pfarrer/Pfarrerin

Nach evangelischem Verständnis unterscheidet sich ein Pfarrer oder eine Pfarrerin nicht durch eine besondere Weihe (so ist es in der katholischen Kirche) von den anderen Gemeindegliedern. Vielmehr haben alle getauften Christen grundsätzlich dieselbe Würde und Vollmacht, das Evangelium in Wort und Tat weiterzugeben (»Allgemeines Priestertum aller Gläubigen«). Pfarrer haben lediglich eine besondere Ausbildung. Mit der »Ordination« wird ihnen das öffentliche Amt der Verkündigung übertragen. Durch die Berufung in ein öffentliches Pfarramt soll sichergestellt werden, dass es in jeder Gemeinde eine Person gibt, die für alle wichtigen geistlichen Fragen zuständig, zuverlässig erreichbar und professionell ausgebildet ist. Erst seit Mitte der 60er-Jahre werden in der Evangelischen Kirche in Deutschland Frauen ordiniert und ins Pfarramt berufen. Mittlerweile gibt es viele Pfarrerinnen und auch mehrere Bischöfinnen.

Priester

In der Katholischen Kirche spielt der Priester eine zentrale Rolle, weil nur er die Messe feiern, Beichte hören und die Sakramente spenden darf. Nur Männer können Priester sein. Sie haben eine besondere Weihe (Handauflegung durch den Bischof) erhalten und sind zur Ehelosigkeit verpflichtet.

Religion

Bisher ist keine menschliche Gesellschaft bekannt, die ohne Religion existiert hätte. Als religiös bezeichnen wir Erfahrungen und Überzeugungen, die unser Leben letztgültig bestimmen und die zugleich über dieses Leben hinausweisen: »Religion ist das Ergriffensein von dem, was uns unbedingt angeht« (P. Tillich).

Im Einzelnen gibt es sehr verschiedene Religionen. Die größte Religion ist heute das Christentum mit mehr als zwei Milliarden Menschen. Im Laufe seiner Geschichte hat sich das Christentum in zahlreiche Konfessionen aufgespalten. Mit über einer Milliarde Gläubiger ist die römisch-katholische Kirche am größten, gefolgt von den Protestanten, zu denen etwa 500 Millionen Menschen gehören. Das Christentum ist heute die am stärksten wachsende Religion – nicht in Europa, aber vor allem in Asien und Afrika. Das Judentum ist die kleinste der heutigen Weltreligionen. Weltweit gehören rund 18 Millionen Menschen zum Judentum, davon mehr als 5 Millionen in Israel. Wie Christen und Juden glauben auch die Muslime an einen Gott (Monotheismus). Etwa 1,3 Milliarden Menschen bekennen sich derzeit zum Islam. Hinduismus und Buddhismus sind die asiatischen Weltreligionen. Während sich der Hinduismus, zu dem etwa 1 Milliarde Menschen gehören, weitgehend auf Indien beschränkt, hat der Buddhismus mit seinen 450 Millionen Gläubigen über Ostasien hinaus auch im Westen vereinzelt Interesse gefunden.

Sekte

Die Zeugen Jehovas, die Mormonen oder die Neuapostolische Kirche gehören zu den Sekten, die sich von der christlichen Kirche abgespalten haben. Meist steht bei ihnen ein einziges Thema im Mittelpunkt, etwa das Bewusstsein, am Ende der Zeiten zu leben, oder der Glaube, die einzig vollkommene Gemeinschaft zu sein. Sekten erheben den Anspruch, den einzigen Weg zur Rettung der Welt zu wissen. Sie sind oft auf eine autoritäre Führungsperson oder -gruppe zugeschnitten, die den Alltag der Mitglieder streng reglementiert. Kritik ist in der Regel nicht erlaubt. Die Gemeinschaft mit anderen Kirchen lehnen Sekten meist ab. Deswegen ist eine gleichzeitige Mitgliedschaft in der Kirche und in einer Sekte nicht möglich.

Zu den klassischen Sekten sind in den letzten Jahrhunderten Psychosekten hinzugekommen, wie etwa die umstrittene Scientology Church, die Psychotechniken zur Lebensbewältigung anbietet.

Taufe

Mit der Taufe wird man Mitglied in der Kirche. Diese Regel gilt in allen christlichen Kirchen. In den Anfängen des Christentums waren es Erwachsene, die sich taufen ließen; aber schon bald wurden auch Kinder getauft, um zu zeigen, dass Gottes Liebe nicht von unserer Einsicht und unserem Glauben abhängt. Denn die Taufe ist nach christlichem Verständnis Gottes »Ja« zu einem Menschen – ein Ja, das an keine menschliche Voraussetzung gebunden ist. Zugleich werden wir durch die Taufe aber auch mit dem gekreuzigten und auferstandenen Jesus Christus verbunden. Deswegen wird ein Täufling mit dem Kreuz gezeichnet und mit Wasser getauft. Er gehört nun zu Jesus – der Anfang eines neuen Lebens.

In fast allen christlichen Kirchen (Ausnahme: Baptisten) ist heute die Kindertaufe verbreitet. Meistens wird dabei dreimal Wasser über den Kopf des Kindes gegossen, in der orthodoxen Kirche und bei den Baptisten wird der Täufling jedoch ganz untergetaucht.

Wer einmal getauft ist, braucht, wenn er die Konfession wechselt, nicht »wiedergetauft« zu werden. Die Taufe ist einmalig, sie gilt in allen christlichen Kirchen und wird auch durch einen eventuellen Kirchenaustritt nicht rückgängig gemacht.

Zölibat

Der Zölibat (von lat. caelebs = unverheiratet) ist die geforderte Ehelosigkeit katholischer Priester und Mönche. Aus dem Neuen Testament ist der Zölibat nicht ableitbar, Petrus war vermutlich verheiratet und im 1. Timotheusbrief wird gefordert, dass der Leiter einer Gemeinde »der Mann einer Frau« sein soll. Der Zölibat soll die ungeteilte Konzentration des Priesters auf Gebet und Seelsorge fördern, faktisch hat er aber immer wieder viele Priester in persönliche Schwierigkeiten gebracht. Die Zölibatverpflichtung ist in der Katholischen Kirche kein Dogma, sondern ein Kirchengesetz, das grundsätzlich auch geändert werden kann.

Die Reformation schaffte den Zölibat ab, evangelische Pfarrerinnen und Pfarrer können verheiratet sein.

Feste und Feiertage

Advent

»Alles hat seine Zeit – Advent ist im Dezember« heißt eine Initiative der Evangelischen Kirche. Angesichts der kommerziellen Ausweitung des Weihnachtsgeschäfts will sie daran erinnern, das die Adventszeit ursprünglich eine Zeit der Ruhe und Einkehr ist. Advent ist eine Zeit voller Bräuche: Adventskranz, Adventskalender, Adventslieder, Adventsgebäck ... Mit dem 1. Advent beginnt jeweils das neue Kirchenjahr.

Weihnachten

Am 25.12. feiern evangelische und katholische Christen die Geburt von Jesus Christus (Orthodoxe Christen feiern am 6.1.). Richtig voll sind die Kirchen aber schon einen Tag vorher. Der Heiligabend ist zum Haupttag des Weihnachtsfestes geworden – vor allem natürlich wegen der »Bescherung«. Weihnachten ist übrigens ein relativ junges Fest. Erst seit dem 4. Jahrhundert hat sich die Feier des Weihnachtsfestes durchgesetzt – vermutlich um so das ebenfalls am 25.12. gefeierte Fest des römischen Sonnengottes zu verdrängen.

Karfreitag

Am Karfreitag denken die Christen an die Kreuzigung und an den Tod Jesu. Zum Gottesdienst wird nicht geläutet, in der Kirche stehen keine Kerzen und Blumen auf dem Altar. In der Öffentlichkeit ist Karfreitag ein besonders geschützter Feiertag, an dem z.B. öffentliche Sport- und Tanzveranstaltungen weitgehend verboten sind.

Ostern

Ostern, das Fest der Auferstehung Jesu, ist der höchste Feiertag in der Kirche. Das sieht man auch daran, dass die Termine anderer kirchlicher Feiertage von Ostern abhängen: 40 Tage vor Ostern beginnt die Passionszeit, 40 Tage nach Ostern ist der Himmelfahrtstag und 10 Tage später wird Pfingsten gefeiert. Der Ostertermin selbst liegt immer auf dem 1. Sonntag nach dem ersten Frühjahrsvollmond. Die ersten Christen kannten noch kein eigenes Osterfest, sondern feierten die Auferstehung Jesu an jedem Sonntag – aber ohne Osterhase und Ostereier.

Christi Himmelfahrt

Himmelfahrt fällt immer auf einen Donnerstag, 40 Tage nach Ostern und 10 Tage vor Pfingsten. In vielen Gemeinden wird der Gottesdienst an diesem Tag im »Freien« oder »Grünen« gefeiert.

Pfingsten

Die Apostelgeschichte erzählt, was sich 50 Tage nach Ostern (Pfingsten = griech. »der fünfzigste Tag«) ereignete: Unter dem Einfluss des Heiligen Geistes beginnen die Jünger Jesu allen Menschen, die sich aus vielen Ländern zum jüdischen Wochenfest in Jerusalem versammelt haben, von Jesus zu erzählen. Die Kirche feiert Pfingsten daher ihren Geburtstag.

Erntedankfest

Am ersten Sonntag im Oktober wird in den evangelischen Kirchen das Erntedankfest gefeiert. In der Kirche wird der Altar mit Früchten und Lebensmittel geschmückt, die nach dem Gottesdienst in der Regel einer Armenküche gespendet werden.

Reformationstag

Am 31.10.1517 veröffentlichte Martin Luther 95 Thesen zur Erneuerung der damaligen Kirche. Damit begann die Reformation. Seit dem 17. Jahrhundert feiern evangelische Christen weltweit diesen Tag mit Gottesdiensten. Ein staatlicher Feiertag ist dieser Tag nur in den fünf östlichen Bundesländern.

Totensonntag

An diesem Sonntag, dem letzten des Kirchenjahres, gedenken evangelische Christen ihrer Toten (ähnlich wie katholische Christen am Allerseelentag am 2.11.). In den Gottesdiensten werden die Namen der im letzten Jahr verstorbenen Gemeindeglieder vorgelesen. Familienangehörige besuchen und schmücken auf den Friedhöfen die Gräber.

Bibliografische Information der Deutschen Nationalbibliothek
Die Deutsche Nationalbibliothek verzeichnet diese Publikation in der Deutschen Nationalbibliografie; detaillierte bibliografische Daten sind im Internet über https://portal.dnb.de abrufbar.

Text- und Bildnachweis
Die Bibeltexte stammen, soweit nicht anders angegeben, aus: Lutherbibel, revidierter Text 1984, durchgesehene Ausgabe. © 1999 Deutsche Bibelgesellschaft, Stuttgart.
Fotos: S. 3: © lily – Fotolia.com, S. 4: © aleshin – Fotolia.com, S. 6/7: © Rainer Göttlinger – Fotolia.com, S. 9: © Nina Malyna – Fotolia.com, S. 10/11: © fotoping – Fotolia.com, S. 12: © Brian Jackson – Fotolia.com, S. 13: © Gorilla – Fotolia.com, S. 14 (Saxophon): © alexandre zveiger – Fotolia.com, S. 14/5 (Notizzettel): © kantate – Fotolia.com, S. 15: © shock – Fotolia.com, S. 17: © Monkey Business – Fotolia.com, S. 18: © inapf – Fotolia.com, S. 21: © diwifoto4you – Fotolia.com, S. 22: © Pakhay Oleksandr – Fotolia.com, S. 23/24: © M.studio – Fotolia.com, S. 25: © picsfive – Fotolia.com, S. 26/27: © Vitaly Krivosheev – Fotolia.com, S. 28: © Stefan Körber – Fotolia.com, S. 36: © lagom – Fotolia.com, S. 37: © Wolfgang Cibura – Fotolia.com, S. 39: © epd-bild/Jens.

FSC
www.fsc.org
MIX
Papier aus verantwortungsvollen Quellen
FSC® C005833

Verlagsgruppe Random House FSC® N001967.
Das für dieses Buch verwendete FSC-zertifizierte Papier *Profimatt* liefert die IGEPA, Deutschland.

Entdecken Sie mehr auf
www.gtvh.de

1. Auflage

Umschlagmotiv: © pmartike – Fotolia.com
Druck und Einband: Těšínská tiskárna, a.s., Český Těšín
Printed in Czech Republic
ISBN 978-3-579-07403-0

www.gtvh.de